À toute vapeur

Le vrai goût de la cuisson douce

Département éditorial Art de vie

Connectez-vous sur :
editionsdelamartiniere.fr
Instagram : @lamartiniere.cuisine
Facebook : @lamartiniere.cuisine

ISBN : 978-2-7324-9247-6

Coralie Ferreira

À toute vapeur

Le vrai goût de la cuisson douce

60 RECETTES SAINES ET GOURMANDES

Photographies

Aimery Chemin

Éditions
de La Martinière

À toute vapeur

SOMMAIRE

INTRODUCTION

Prêts à embarquer pour un voyage savoureux ?
Abandonnez sur le quai les valises de préjugés peu flatteurs dont la cuisine vapeur pâtit, et suivez-nous dans cette aventure pour la (re)découvrir : légère, généreuse, colorée, savoureuse, croquante, fondante, toujours gourmande !

Bénéficiez de tous les atouts de cette cuisson douce pour faire le plein de vitamines et de minéraux qu'elle sait si bien préserver tout en vous régalant. Une immersion délicieuse rythmée par les saisons et inspirée de recettes des quatre coins du monde pour varier les plaisirs et croquer le meilleur de la cuisson vapeur.

Vous trouverez dans cet ouvrage plusieurs chapitres qui vous permettront de préparer des repas complets : légumes, viandes, poissons et desserts... flattés, décoiffés, grisés par des condiments d'ici et là, des épices, des herbes fraîches, etc.

Suivez le principe du « mix and match » (mélangez et associez) pour créer des repas équilibrés en combinant une ou plusieurs recettes du livre et d'autres préparations maison.

Quel que soit votre ustensile : un simple panier-vapeur en inox ou en bambou, un cuit-vapeur électrique ou le fameux Vitaliseur de Marion, toutes les préparations de ce livre sont accessibles ! N'hésitez pas à vous inspirer des recettes proposées que vous adapterez à vos goûts, aux ingrédients de votre placard... et faites votre propre popote vapeur sans complexe !

LÉGUMES

Le bonheur de cuisiner les légumes à la vapeur
passe d'abord par les yeux :
toutes ces couleurs vibrantes découvertes
pendant la préparation demeurent après la cuisson.
C'est beau, et c'est bon, plein de goût,
conservé lui aussi grâce à la cuisson douce.
Choisissez des légumes de saison, issus d'une
agriculture vertueuse et locale de préférence,
pour profiter de leurs plus beaux atouts :
fraîcheur, saveur et prix juste.
Adaptez la cuisson à votre goût et à la taille
de vos légumes : écourtez la cuisson pour des légumes
fermes et croquants avec une bonne teneur
en vitamines et minéraux, prolongez-la
si vous préférez les légumes plus tendres.
Rappelez-vous aussi que le temps de cuisson
est à moduler selon la taille et/ou la découpe
de votre légume ainsi que
la quantité de matière à cuire.
La cuisine des légumes ouvre un immense champ
des possibles, un terrain à explorer
par une infinité de chemins différents :
délicieux tels quels, seuls, et irrésistibles associés
à des herbes, des épices, des condiments !
La promesse d'une balade enchantée.

Aubergines vapeur à la sauce soja

Pour 4 personnes
Préparation : 15 minutes
Cuisson : 25 minutes

4 aubergines chinoises longues (ou 4 petites aubergines)

POUR LA SAUCE

4 gousses d'ail

1 cive

10 cl de sauce soja claire

1 cuillerée à café rase de sucre en poudre

2 cuillerées à soupe d'huile de sésame

Lavez les aubergines. Ôtez les pédoncules et émincez-les en rondelles ou en bâtonnets.

Faites-les cuire à la vapeur pendant 20 à 25 minutes en mélangeant à plusieurs reprises.

Pendant ce temps, préparez la sauce. Épluchez et hachez l'ail. Lavez et hachez la cive. Mélangez l'ail et la cive avec la sauce soja, le sucre et l'huile.

Versez cette préparation sur les aubergines, mélangez et servez chaud, tiède ou froid.

Bon à savoir

Le temps de cuisson des aubergines dépend de leur variété, de leur taille de découpe et de leur quantité, le mieux est de vérifier régulièrement l'avancée en enfonçant la pointe d'un couteau dans la chair de l'aubergine : dès qu'elle s'enfonce sans difficulté, les aubergines sont cuites.

Poireaux vapeur à la gremolata

Pour 4 personnes
Préparation : 10 minutes
Cuisson : 15 minutes

8 poireaux fins

2 cuillerées à soupe d'huile d'olive

POUR LA GREMOLATA

8 brins de persil

1 citron jaune non traité

1 gousse d'ail

4 anchois

sel, poivre

Lavez les poireaux, éliminez le pied et la partie la plus verte (conservez-la pour faire un bouillon de légumes par exemple), lavez bien le haut des poireaux pour ôter la terre éventuellement présente entre les feuilles. Faites cuire les poireaux à la vapeur pendant 15 minutes (adaptez selon leur taille).

Pendant ce temps, lavez et essorez les feuilles de persil, hachez-les finement. Zestez le citron, épluchez et hachez finement l'ail. Hachez les anchois. Mélangez le persil, les zestes, l'ail et les anchois ensemble.

Salez et poivrez les poireaux, parsemez-les de gremolata et versez un filet d'huile d'olive avant de les servir.

Haricots verts, cacahuètes et menthe

Pour 4 personnes
Préparation : 15 minutes
Cuisson : 12 minutes

600 g de haricots verts

2 brins de menthe

1 cuillerée à soupe d'oignons frits

1 piment rouge (facultatif)

POUR LA SAUCE

1 cuillerée à soupe bombée de cacahuètes grillées et salées

1 cuillerée à café rase de sucre en poudre

3 cuillerées à soupe d'eau

1 cuillerée à soupe de jus de citron vert

1 cuillerée à soupe de sauce nuoc-mâm

1 cuillerée à soupe d'huile d'arachide ou de sésame

Lavez et équeutez les haricots verts. Faites-les cuire pendant 12 minutes à la vapeur.

Pendant ce temps, hachez les cacahuètes, réservez-les.

Mélangez le sucre avec l'eau, le jus de citron, la sauce nuoc-mâm et l'huile d'arachide.

Effeuillez la menthe. Si vous aimez le piment, lavez et hachez le piment finement.

Servez les haricots verts tièdes avec la sauce, les feuilles de menthe, les cacahuètes hachées, les oignons frits et le piment.

Fèves, mange-tout et petits pois à la menthe, sauce au yaourt

Pour 4 personnes
Préparation : 15 minutes
Cuisson : 8 minutes

200 g de pois mange-tout

200 g de fèves écossées

200 g de petits pois écossés

1 brin de menthe

POUR LA SAUCE

½ concombre noa

1 gousse d'ail

½ citron non traité

100 g de yaourt velouté

2 cuillerées à soupe d'huile d'olive

1 pincée de gingembre en poudre

2 brins de menthe

sel, poivre

Équeutez si besoin les pois mange-tout, rincez-les ainsi que les fèves et les petits pois. Faites-les cuire pendant 8 minutes à la vapeur.

Pendant ce temps, pelez le concombre et râpez-le. Épluchez, dégermez si besoin et pressez la gousse d'ail. Prélevez le zeste du citron, puis pressez-le. Mélangez le yaourt avec l'ail, le citron (zeste et jus), l'huile d'olive, le gingembre, le concombre. Salez et poivrez. Au dernier moment, ajoutez la menthe ciselée.

Mélangez et servez avec les légumes verts, et un brin de menthe ciselée.

Boulettes de pois chiches, courgettes et herbes

Pour 4 personnes
Préparation : 15 minutes
Cuisson : 13 minutes

½ courgette
1 gousse d'ail
1 échalote
4 brins de persil
4 brins de coriandre
4 brins d'aneth
4 brins de menthe
1 cuillerée à soupe de raisins secs
1 petite boîte de pois chiches cuits au naturel
4 cuillerées à soupe de chapelure
2 cuillerées à soupe d'huile d'olive
1 cuillerée à café rase de cumin en poudre
1 cuillerée à café rase de coriandre en poudre
1 cuillerée à café rase de paprika
graines de sésame

POUR LA SAUCE

2 brins de coriandre
2 brins de menthe
2 brins d'aneth
100 g de yaourt grec
1 cuillerée à café de miel
1 cuillerée à café de tahiné (purée de sésame)
sel, poivre

Lavez la courgette et râpez-la finement. Épluchez et hachez l'ail et l'échalote. Effeuillez et ciselez les herbes fraîches. Hachez les raisins secs.

Égouttez bien et mixez les pois chiches. Mélangez la purée obtenue avec l'ail, l'échalote, la chapelure, la courgette râpée, l'huile, les herbes, le cumin, la coriandre, le paprika, salez et poivrez.

Formez des boulettes, roulez-les dans les graines de sésame et faites cuire à la vapeur pendant 13 minutes.

Pendant ce temps, préparez la sauce : effeuillez et hachez les herbes. Mélangez-les avec le yaourt grec, le miel, le tahiné. Salez et poivrez.

Servez les boulettes avec la sauce et des herbes ciselées.

Ravioles de légumes

Pour 4 personnes
Préparation : 40 minutes
Cuisson : 6 minutes

POUR 24 RAVIOLES ENVIRON

24 feuilles à ravioles chinoises

POUR LA FARCE

1 carotte

200 g de chou chinois

1 blanc de poireau

6 shiitakés

2 cives

1 cm de gingembre frais

1 pincée de cinq-épices

sel, poivre du Sichuan

POUR LA SAUCE

2 cuillerées à soupe de sauce soja claire

2 cuillerées à soupe de vinaigre de riz

1 cuillerée à soupe d'eau

2 cuillerées à soupe d'huile de sésame

piment ou huile au piment (facultatif)

Préparez la garniture : lavez tous les légumes. Épluchez la carotte et râpez-la finement, ainsi que le chou et le poireau. Hachez très finement les shiitakés, les cives et le gingembre. Mélangez tous les ingrédients de la farce, salez et poivrez.

Prenez une feuille de raviole et garnissez-la d'une belle cuillerée à café de farce aux légumes. Humidifiez les bords de la raviole et refermez-la en collant les côtés opposés et en chassant l'air. Poursuivez ainsi jusqu'à épuisement des ingrédients. Faites cuire à la vapeur 6 minutes en écartant bien les ravioles les unes des autres.

Pendant ce temps, préparez la sauce : mélangez la sauce soja, le vinaigre de riz, l'eau, l'huile de sésame.

Servez les ravioles avec la sauce et du piment, si vous aimez.

Asperges blanches et mousseline légère à la crème de soja

Pour 4 personnes
Préparation : 10 minutes
Cuisson : 8 minutes

16 asperges blanches

cerfeuil

POUR LA MOUSSELINE

20 cl de soja cuisine

1 cuillerée à soupe de purée d'amandes complètes

le jus d'1 citron jaune non traité

sel, poivre

Coupez le pied et épluchez les asperges afin de supprimer la partie trop fibreuse et ne garder que le cœur tendre. Faites-les cuire pendant 8 minutes à la vapeur.

Pendant ce temps, préparez la mousseline : versez dans le bol d'un petit mixeur le soja cuisine, la purée d'amandes et le jus de citron. Salez, poivrez et mixez jusqu'à ce que la préparation s'émulsionne.

Servez les asperges avec la mousseline et des feuilles de cerfeuil.

Topinambours, noisettes et pesto de persil

Pour 4 personnes
Préparation : 15 minutes
Cuisson : 15 minutes

400 g de topinambours bien frais

½ citron

1 poignée de noisettes décortiquées et concassées

1 cuillerée à soupe de copeaux de parmesan

POUR LE PESTO DE PERSIL

25 g de feuilles de persil

25 g de noisettes

8 cl d'huile d'olive

1 gousse d'ail

sel, poivre

Épluchez les topinambours, rincez-les sous l'eau, puis citronnez-les. Coupez-les en quartiers ou en rondelles et faites-les cuire à la vapeur pendant 15 minutes. Vérifiez leur cuisson en enfonçant la pointe d'un couteau.

Pendant ce temps, préparez le pesto de persil : rincez et séchez les feuilles de persil. Déposez-les dans un petit mixeur avec les noisettes, l'huile, ½ cuillerée à café de sel et du poivre. Mixez jusqu'à ce que vous obteniez une préparation homogène. Épluchez et pressez l'ail, ajoutez-le au pesto, mélangez.

Servez les topinambours avec les noisettes concassées, le parmesan et le pesto de persil.

Courgettes au curry et lait de coco

Pour 4 personnes
Préparation : 10 minutes
Cuisson : 30 minutes

- 2 courgettes jaunes (ou vertes)
- 1 échalote
- 1 cive
- 1 gousse d'ail
- 1 cuillerée à soupe de pâte de curry
- 20 cl de lait de coco
- graines de sésame noir
- 4 brins de coriandre fraîche
- sel, poivre

Lavez les courgettes. Coupez les extrémités, puis taillez-les en morceaux.

Pelez et coupez l'échalote en quatre, séparez les pétales obtenus. Ciselez la cive. Pelez et hachez finement l'ail.

Mélangez la pâte de curry au lait de coco, ajoutez l'ail, la cive, l'échalote, les courgettes et versez dans un moule plus petit que votre cuit-vapeur. Salez et poivrez, mélangez. Déposez le moule au fond de votre cuit-vapeur et faites cuire pendant 30 minutes en mélangeant plusieurs fois.

Servez avec du sésame noir et des pluches de coriandre.

PALLARES
SOLSONA

Courge butternut, brousse et fruits secs

Pour 4 personnes
Préparation : 20 minutes
Cuisson : 25 minutes

1 courge butternut de 800 g à 1 kg

1 cuillerée à soupe de raisins secs

4 abricots secs

2 figues sèches

1 cuillerée à soupe de noisettes décortiquées + quelques-unes pour servir

200 g de brousse (ou de ricotta)

1 cuillerée à café de ras el-hanout

8 brins de ciboulette

2 cuillerées à soupe d'huile de noisette

1 cuillerée à soupe de graines de courge

1 cuillerée à soupe de graines de tournesol

sel, poivre

Lavez la courge butternut, coupez-la en deux, ôtez les graines et creusez légèrement le tronc. Piquez-la à plusieurs endroits côté peau. Déposez-la dans le cuit-vapeur, ainsi que la chair, et faites cuire pendant 20 minutes.

Pendant ce temps, coupez les fruits secs en petits dés. Hachez les noisettes. Mélangez-les avec la brousse, le ras el-hanout, la ciboulette hachée et l'huile de noisette. Salez et poivrez.

Écrasez la chair de butternut cuite à part et incorporez-la à la préparation à la brousse. Garnissez les courges, parsemez de graines de tournesol, de graines de courge, de noisettes, et poursuivez la cuisson 5 minutes.

Endives aux poires, roquefort et noix

Pour 4 personnes
Préparation : 15 minutes
Cuisson : 14 minutes

4 endives
2 poires
1 citron
150 g de roquefort
1 poignée de noix
2 cuillerées à soupe d'huile de noix
1 cuillerée à café de vinaigre de cidre
1 poignée de roquette
sel, poivre

Lavez les endives, ôtez les premières feuilles si elles sont abîmées. Coupez-les en deux dans la longueur et ôtez le tronc de l'endive sur la partie basse. Salez légèrement et faites cuire les endives à la vapeur pendant 10 minutes.

Pendant ce temps, lavez les poires, coupez-les en quatre, ôtez le cœur. Citronnez-les si vous ne dégustez pas votre plat tout de suite.

Coupez le roquefort en morceaux. Hachez les noix. Parsemez le roquefort sur les endives et poursuivez la cuisson 4 minutes.

Mélangez l'huile de noix avec le vinaigre, salez et poivrez.

Servez les endives au roquefort avec les morceaux de poire, la roquette, parsemez de noix et arrosez d'un peu de vinaigrette.

Carottes, raisins secs et vinaigrette épicée

Pour 4 personnes
Préparation : 15 minutes
Cuisson : 15 minutes

- 8 carottes de couleur
- 2 échalotes
- 1 cuillerée à soupe bombée de raisins blonds
- le jus d'1 orange
- 2 cuillerées à soupe d'huile d'olive
- 1/2 cuillerée à café rase de ras el-hanout
- 2 brins de coriandre
- 2 brins d'estragon
- 1 cuillerée à soupe de pignons de pin
- sel, poivre

Épluchez les carottes, rincez-les. Épluchez les échalotes, coupez-les en quatre et séparez les pétales. Déposez les carottes, les échalotes et les raisins dans votre cuit-vapeur, faites cuire pendant 15 minutes selon la taille des carottes.

Pendant ce temps, mélangez le jus d'orange avec l'huile d'olive, le ras el-hanout, salez et poivrez.

Effeuillez la coriandre et l'estragon.

Lorsque les carottes sont cuites, servez-les avec les échalotes et les raisins, arrosez de vinaigrette et parsemez d'herbes et de pignons de pin.

Chou vert, huile de sésame et gingembre

Pour 4 personnes
Préparation : 15 minutes
Cuisson : 15 minutes

- ½ chou vert
- 2 cives
- 20 g de gingembre frais
- 2 cuillerées à soupe d'huile de sésame
- 2 cuillerées à soupe de sauce soja claire
- 2 cuillerées à soupe de vinaigre de riz
- 1 cuillerée à soupe de graines de sésame noir
- sel

Ôtez les feuilles de chou les plus épaisses. Lavez les autres, puis émincez-les.

Faites cuire le chou légèrement salé à la vapeur pendant 15 minutes.

Pendant ce temps, lavez les cives, coupez-les en tronçons de 4 cm de long, émincez-les dans la longueur.

Épluchez et râpez le gingembre.

Mélangez l'huile de sésame avec la sauce soja, le vinaigre de riz et le gingembre.

Servez le chou avec la sauce, parsemez de cives et de graines de sésame noir.

Rattes sur lit d'algues

Pour 4 personnes
Préparation : 10 minutes
Cuisson : 15 minutes

1 kg de pommes de terre rattes

1 grosse poignée d'algues (fraîches ou séchées)

POUR L'HUILE AUX ALGUES

1 cuillerée à soupe de câpres

10 brins de ciboulette

1 petite échalote

2 cuillerées à soupe d'huile d'olive

1 cuillerée à soupe d'huile de noisette

1 cuillerée à soupe d'algues en paillettes

le jus d'½ citron non traité

sel, poivre

Lavez les pommes de terre.
Répartissez les algues dans le fond de votre cuit-vapeur et déposez les pommes de terre dessus, salez. Faites cuire pendant 15 minutes (vérifiez et adaptez la cuisson selon la taille des pommes de terre).

Pendant ce temps, hachez les câpres et la ciboulette. Épluchez et hachez finement l'échalote. Mélangez les huiles avec les algues en paillettes, le jus de citron, les câpres, la ciboulette et l'échalote, salez et poivrez.

Servez les pommes de terre avec l'huile aux algues.

À toute vapeur

Vitelottes au beurre d'herbes

Pour 4 personnes
Préparation : 10 minutes
Cuisson : 15 minutes

1 kg de pommes de terre vitelottes

POUR LE BEURRE D'HERBES

1 gousse d'ail

1 échalote

2 brins de persil

4 brins de ciboulette

2 brins d'estragon

2 brins d'aneth

2 brins de menthe

50 g de beurre demi-sel à température ambiante

poivre

Lavez les pommes de terre. Faites-les cuire à la vapeur pendant 15 minutes (adaptez selon la taille des pommes de terre).

Pendant ce temps, épluchez et hachez très finement l'ail et l'échalote. Hachez toutes les herbes. Mélangez les herbes, l'ail et l'échalote au beurre, poivrez.

Servez les pommes de terre avec le beurre d'herbes.

Fenouil à l'orange et vieux gouda

Pour 4 personnes
Préparation : 15 minutes
Cuisson : 12 minutes

- 2 oranges non traitées
- 2 bulbes de fenouil
- 1 poignée d'amandes
- 1 cuillerée à café de graines de cumin
- 1 cuillerée à soupe de vinaigre de riz
- 2 cuillerées à soupe d'huile d'olive
- 50 g de vieux gouda
- 1 poignée de graines germées
- sel, poivre

Prélevez les zestes des oranges. Lavez les bulbes de fenouil. Coupez-les en quatre dans la longueur. Salez, poivrez et faites-les cuire pendant 12 minutes à la vapeur sur les zestes d'orange.

Pendant ce temps, concassez les amandes. Pelez les oranges à vif, prélevez les suprêmes, récupérez le jus pressé naturellement en coupant les oranges.

Mélangez le cumin avec le vinaigre de riz, l'huile d'olive et le jus d'orange. Salez et poivrez.

Faites des copeaux de gouda.

Servez les fenouils avec les quartiers d'orange, la vinaigrette à l'orange, parsemez d'amandes, de gouda et de graines germées.

Soufflé éphémère courgette-chèvre-menthe

Pour 4 personnes
Préparation : 20 minutes
Cuisson : 15 minutes

- 1 courgette
- 4 brins de menthe
- 30 g de beurre + une noix pour les ramequins
- 30 g de farine
- 25 cl de lait entier
- 150 g de chèvre frais
- noix de muscade
- 3 œufs
- 1 cuillerée à soupe de graines de courge
- sel, poivre

Épluchez la courgette, râpez-la très finement. Hachez finement la menthe.

Faites fondre le beurre dans une casserole, ajoutez la farine en une seule fois et mélangez bien avec un fouet jusqu'à ce que vous obteniez un roux. Laissez cuire 1 minute en mélangeant régulièrement. Versez le lait petit à petit sans arrêter de mélanger. Faites cuire à feu moyen en fouettant jusqu'à ce que la béchamel épaississe. Hors du feu, ajoutez le chèvre, mélangez, jusqu'à ce qu'il soit incorporé. Ajoutez le sel, le poivre, la courgette râpée, la noix de muscade râpée et la menthe.

Séparez les blancs des jaunes d'œufs. Ajoutez les jaunes d'œufs à la préparation et mélangez bien. Fouettez les blancs en neige ferme et incorporez-les délicatement.

Beurrez 4 ramequins et versez-y la pâte aux deux tiers. Parsemez de graines de courge et faites cuire à la vapeur pendant 15 minutes.

Bon à savoir

Le soufflé tient très peu de temps, ne soyez pas déçus, il risque de retomber à la vitesse de l'éclair une fois que vous aurez ôté le couvercle de votre cuit-vapeur.

Chou-fleur vapeur à l'indienne

Pour 4 personnes
Préparation : 10 minutes
Cuisson : 12 minutes

- 1 chou-fleur
- 8 brins de coriandre
- 4 brins de menthe
- 30 g d'huile de coco
- 1 cuillerée à café de curry en poudre
- ½ grenade
- 1 cuillerée à soupe de noix de coco râpée (ou fraîche si vous avez)
- sel, poivre

Lavez le chou-fleur, ôtez le pied et les plus grosses feuilles l'entourant. Séparez les fleurettes, salez et poivrez. Faites-le cuire à la vapeur pendant 12 minutes.

Pendant ce temps, effeuillez et ciselez les herbes ; mélangez l'huile de coco fondue avec le curry, salez et poivrez.

Égrainez la grenade.

Servez le chou-fleur parsemé de noix de coco, de grenade, d'herbes et arrosez d'un filet d'huile de coco au curry.

Patate douce, condiment citron vert, chili

Pour 4 personnes
Préparation : 15 minutes
Cuisson : 15 minutes

- 4 petites patates douces
- 1 oignon nouveau
- 1/2 concombre noa
- 1 cuillerée à soupe de cacahuètes
- 6 brins de coriandre
- 1 piment rouge
- 2 citrons verts
- 2 cuillerées à soupe d'huile d'arachide
- sel

Lavez les patates douces. Épluchez-les et coupez-les en rondelles de 1,5 cm d'épaisseur. Faites-les cuire à la vapeur pendant 15 minutes.

Pendant ce temps, lavez et émincez finement l'oignon. Épluchez et coupez le concombre en petits dés. Hachez les cacahuètes. Effeuillez la coriandre et émincez le piment.

Pressez les citrons verts, mélangez leur jus avec l'oignon nouveau, les dés de concombre, les cacahuètes, la coriandre, le piment et l'huile. Salez.

Servez les patates douces avec ce condiment.

Maïs et beurre parfumé

Pour 4 personnes
Préparation : 10 minutes
Cuisson : 30 minutes

4 épis de maïs crus

8 brins de coriandre

POUR LE BEURRE PARFUMÉ

1 gousse d'ail

50 g de beurre à température ambiante

½ cuillerée à café de piment fumé

1 cuillerée à café de paprika

½ cuillerée à café de gingembre

les zestes d'1 citron vert non traité

sel, poivre

Ôtez les feuilles des épis de maïs. Déposez les épis dans le panier-vapeur et faites cuire pendant 30 minutes en les retournant à mi-cuisson.

Pendant ce temps, préparez le beurre parfumé. Épluchez et écrasez l'ail en purée. Mélangez-le avec le beurre, le piment, le paprika, le gingembre et ajoutez les zestes de citron vert. Salez et poivrez.

Lorsque le maïs est cuit, laissez-le tiédir, puis servez-le avec le beurre parfumé et de la coriandre fraîche.

Brocoli au sésame et feta

Pour 4 personnes
Préparation : 10 minutes
Cuisson : 10 minutes

1 tête de brocoli

1 cuillerée à soupe de miel

le jus d'½ citron jaune non traité

2 cuillerées à soupe de tahiné (purée de sésame)

2 cuillerées à soupe d'eau

4 brins de coriandre

4 brins de persil

100 g de feta

2 cuillerées à soupe d'huile d'olive

1 pincée de flocons de piment

1 cuillerée à soupe de graines de sésame

sel, poivre

Lavez le brocoli, séparez les fleurettes et faites-les cuire pendant 10 minutes à la vapeur.

Pendant ce temps, mélangez le miel avec le jus de citron et le tahiné. Ajoutez l'eau.

Lavez, séchez et hachez la coriandre et le persil. Émiettez la feta.

Lorsque le brocoli est cuit, arrosez-le d'huile d'olive, salez et poivrez. Ajoutez le piment, les herbes hachées et mélangez. Parsemez de feta et de graines de sésame et servez avec la sauce miel-sésame.

Betterave, pomme, pignons de pin et chèvre

Pour 4 personnes
Préparation : 15 minutes
Cuisson : 20 minutes

- 4 petites betteraves jaunes crues
- 1 pomme
- 1 cuillerée à café de miel
- 1 cuillerée à soupe de vinaigre de miel
- 2 cuillerées à soupe d'huile de noisette (ou de noix)
- 1 cuillerée à soupe de pignons de pin
- 100 g de chèvre cendré
- sel, poivre

Épluchez les betteraves, coupez-les en morceaux. Faites-les cuire à la vapeur pendant 20 minutes.

Lavez la pomme. Coupez-la en quatre, ôtez le trognon et coupez les quartiers en lamelles.

Mélangez le miel avec le vinaigre et l'huile de noisette. Salez et poivrez.

Servez la betterave (tiède) avec les lamelles de pomme, les pignons de pin, la vinaigrette et le chèvre en morceaux.

POISSONS
& FRUITS DE MER

Le poisson se prête parfaitement à la cuisson vapeur, sa chair cuit très rapidement et conserve toute sa tendresse, son goût et sa texture. Bien sûr, choisissez un poisson à la fraîcheur irréprochable, en filet, ou entier. Pour pouvoir continuer à manger du (bon) poisson, privilégiez les poissons dont les stocks ne sont pas menacés et issus de pêche artisanale, vous ferez ainsi de belles découvertes. Il en va de même avec les coquillages et les fruits de mer ! Gardez un œil sur les étiquettes et échangez avec votre poissonnier pour vérifier la provenance et la méthode de pêche (les labels ne sont pas toujours suffisants !). En bref, soyez exigeant avec la qualité du produit que vous achetez, votre recette n'en sera que meilleure ! Belle croisière en mer !

Couteaux à la vapeur de bière

Pour 4 personnes
Préparation : 15 minutes
Cuisson : 10 minutes

- 24 couteaux
- 1 échalote
- 6 brins de persil
- 50 cl de bière blonde
- 1 bouquet garni (thym, laurier)
- 40 g de beurre
- sel, poivre

Nettoyez les couteaux. Épluchez et hachez l'échalote. Effeuillez et hachez les feuilles de persil.

Mettez la bière et le bouquet garni dans le fond de votre casserole ou cocotte, déposez les couteaux dans le panier-vapeur et faites cuire pendant 10 minutes. Mélangez si besoin pour unifier la cuisson.

Pendant ce temps, mélangez l'échalote avec le persil, le beurre fondu, une pincée de sel et de poivre.

Servez les couteaux avec le beurre fondu parfumé.

À toute vapeur

Moules aux petits pois, ail et crème ciboulette

Pour 4 personnes
Préparation : 15 minutes
Cuisson : 15 minutes

- 1 kg de moules
- 2 gousses d'ail
- 20 cl de vin blanc
- 1 bouquet garni
- 300 g de petits pois écossés
- 1 bouquet de ciboulette
- 20 cl de crème liquide
- sel, poivre

Nettoyez les moules et jetez celles à la coquille cassée ou cuverte.

Épluchez et coupez les gousses d'ail en deux.

Mettez le vin, les gousses d'ail et le bouquet garni dans la casserole de cuisson, ajoutez de l'eau à bonne hauteur. Placez les moules dans le panier-vapeur, ainsi que les petits pois. Faites cuire à la vapeur pendant 15 minutes en mélangeant à mi-cuisson.

Hachez la ciboulette. Mixez-la avec la crème liquide, salez et poivrez.

Servez les moules avec les petits pois et la crème à la ciboulette.

Gambas au riz gluant, sauce nuoc-mâm et citronnelle

Pour 4 personnes
Préparation : 15 minutes
Marinade : 2 heures
Cuisson : 30 minutes

16 gambas crues
6 brins de coriandre
2 brins de basilic thaï

POUR LE RIZ

240 g de riz gluant

POUR LA MARINADE

1 bâton de citronnelle
2 cm de gingembre
1 citron vert non traité
1 gousse d'ail
2 cuillerées à soupe de sauce nuoc-mâm
1/2 cuillerée à café de sucre de canne

La veille, faites tremper le riz dans de l'eau. Changez plusieurs fois l'eau.

Le lendemain, préparez la marinade : hachez grossièrement la citronnelle. Pelez et hachez le gingembre. Pressez le citron vert. Pelez et émincez l'ail. Mélangez la sauce nuoc-mâm avec le sucre, le jus de citron, la citronnelle, l'ail et le gingembre. Versez sur les gambas et laissez mariner 2 heures au froid.

Mettez le riz égoutté dans un panier-vapeur couvert d'une feuille de papier sulfurisé, faites cuire pendant 30 minutes à couvert.

3 minutes avant la fin de la cuisson, ajoutez les gambas égouttées sur le riz et couvrez de nouveau. Retournez les gambas, puis laissez reposer 5 minutes à couvert hors du feu.

Servez avec de la coriandre et du basilic thaï.

À toute vapeur

Boulettes de poisson à l'aneth, sauce yaourt et concombre

Pour 4 personnes
Préparation : 15 minutes
Cuisson : 8 minutes
Repos : 15 minutes

POUR 16 BOULETTES ENVIRON

400 g de cabillaud

1 échalote

1/2 citron jaune non traité

2 cives

8 brins d'aneth frais + quelques brins pour servir

1 pincée de coriandre

1 pincée de cumin

1 pincée de paprika

1 pincée de cannelle

1 œuf

1 cuillerée à soupe de Maïzena®

1 cuillerée à café de graines de sésame torréfiées

1 filet d'huile d'olive

sel, poivre

POUR LA SAUCE AU YAOURT

1/2 concombre noa

150 g de yaourt grec

1 cuillerée à café de tahiné (purée de sésame)

Préparez les boulettes de poisson.
Épluchez et hachez finement l'échalote. Lavez le citron et prélevez ses zestes. Lavez et hachez finement les cives. Ciselez l'aneth.
Coupez le cabillaud en morceaux et déposez-les dans le bol du mixeur avec les épices, l'œuf, la Maïzena®, les zestes de citron et mixez jusqu'à ce que vous obteniez un hachis homogène.
Ajoutez l'échalote, le sésame, les cives hachées et l'aneth à la préparation. Salez, poivrez. Mélangez et formez des boulettes de la taille d'une balle de golf.

Mettez au frais pendant 15 minutes, puis faites cuire à la vapeur pendant 8 minutes.

Pendant ce temps, épluchez et râpez finement le concombre. Mélangez-le avec le yaourt grec, ajoutez le jus de citron et le tahiné. Salez et poivrez.

Servez les boulettes de poisson avec la sauce au yaourt, un filet d'huile d'olive et de l'aneth ciselé.

Saint-jacques, estragon, grenade et citron

Pour 4 personnes
Préparation : 15 minutes
Marinade : 2 heures au mininum
Cuisson : 6 à 8 minutes

- 16 noix de saint-jacques avec corail
- 1 citron jaune non traité
- 1 citron vert non traité
- 2 brins d'estragon
- 1 échalote
- 2 cuillerées à soupe d'huile d'olive
- 1/4 de grenade
- sel, poivre

Lavez les citrons et l'estragon. Prélevez les zestes des citrons. Effeuillez et ciselez l'estragon. Épluchez et hachez finement l'échalote. Mélangez-la avec les zestes de citron, les feuilles d'estragon et l'huile d'olive. Salez et poivrez.

Faites mariner les noix de saint-jacques dans cette huile parfumée pendant au moins 2 heures au frais.

Égrainez la grenade.

Faites cuire les noix de saint-jacques pendant 8 minutes à la vapeur. Dégustez-les avec la marinade et parsemez de grenade.

Crevettes au lait de coco et curry

Pour 4 personnes
Préparation : 15 minutes
Marinade : 2 heures
Cuisson : 10 minutes

- 20 crevettes crues
- 2 cm de gingembre
- 1 bâton de citronnelle
- 2 cives
- 1 citron vert non traité
- 100 g de tomates cerises
- 1 cuillerée à soupe rase de curry jaune
- 10 cl de lait de coco
- 2 feuilles de lime
- 4 brins de coriandre
- sel, poivre

Épluchez et râpez le gingembre. Ôtez la première feuille de la citronnelle, hachez-la.

Lavez, séchez et hachez les cives. Lavez le citron vert, prélevez ses zestes et pressez le jus. Lavez et coupez les tomates en deux.

Mélangez le gingembre, le curry, la cive, les tomates, les zestes et le jus du citron vert, la citronnelle, les feuilles de lime et le lait de coco. Salez, poivrez et mélangez avec les crevettes. Laissez mariner pendant 2 heures au frais.

Faites cuire les crevettes pendant 8 à 10 minutes dans le panier-vapeur en les retournant à mi-cuisson.

Servez avec la coriandre et le reste de marinade.

Coques, asperges vertes, sauce soja et gingembre

Pour 4 personnes
Préparation : 15 minutes
Cuisson : 10 minutes

- 1 kg de coques
- 8 asperges vertes
- 2 cives
- 2 cm de gingembre
- 4 cuillerées à soupe de sauce soja
- 1 cuillerée à soupe de vinaigre de riz
- 2 cuillerées à soupe d'huile de sésame

Mettez à tremper les coques dans de l'eau plusieurs heures, changez l'eau plusieurs fois.

Épluchez le pied des asperges, coupez-les en tronçons de 4 cm environ.

Lavez et émincez les cives. Épluchez et émincez le gingembre.

Déposez le gingembre, les cives, les coques égouttées et les asperges dans le panier-vapeur et faites cuire pendant 10 minutes.

Pendant ce temps, mélangez la sauce soja, le vinaigre de riz et l'huile de sésame.

Servez les coques et les asperges avec la sauce.

Filets de maquereau miso-sésame

Pour 4 personnes
Préparation : 10 minutes
Marinade : 2 heures
Cuisson : 5 minutes

4 filets de maquereau (demandez au poissonnier d'ôter les arêtes)

POUR LA MARINADE

2 cuillerées à soupe de miso rouge

2 cuillerées à soupe d'eau

1 cuillerée à soupe de saké

1 cuillerée à café de mirin

1 cuillerée à soupe de sauce soja

1 cuillerée à café de sucre en poudre

1 cuillerée à café de graines de sésame noir

2 cives

Préparez la marinade : mélangez le miso avec l'eau, le saké, le mirin, la sauce soja et le sucre. Badigeonnez les filets de maquereau de cette marinade et réservez pendant 2 heures au froid.

Pendant ce temps, émincez les cives.

Faites cuire les filets de maquereau pendant 5 minutes, servez-les avec le sésame et la cive hachée.

Crème aux œufs, truite fumée et ciboulette

Pour 4 personnes
Préparation : 10 minutes
Cuisson : 10 minutes

- 4 œufs
- 2 tranches de truite fumée
- 30 cl d'eau
- 10 brins de ciboulette
- sel, poivre blanc

Cassez les œufs, salez, poivrez, mélangez-les doucement et délayez avec l'eau en essayant de ne pas faire entrer trop d'air dans la préparation. Ciselez la ciboulette et ajoutez-la à la préparation aux œufs.

Coupez la truite fumée en petits morceaux.

Répartissez la préparation dans des ramequins, couvrez d'un film alimentaire, percez-le à quelques endroits et faites cuire à la vapeur pendant 7 à 10 minutes, selon la taille de vos ramequins. La crème doit blanchir et être à peine tremblotante au centre.

Rôti de saumon, chèvre frais et citron confit

Pour 4 à 6 personnes
Préparation : 20 minutes
Cuisson : 7 minutes

- 8 petits pavés de saumon
- 1/4 de citron confit
- 100 g de chèvre frais
- 4 brins d'aneth + quelques-uns pour la cuisson
- 10 brins de ciboulette + quelques-uns pour la cuisson
- sel, poivre

Vérifiez que les pavés de saumon n'aient plus d'arêtes en passant le doigt sur la chair ; s'il en reste, ôtez-les à l'aide d'une pince. Salez et poivrez-les. Hachez le citron confit.

Mélangez le fromage de chèvre avec le citron confit, l'aneth et la ciboulette ciselés, salez et poivrez.

Tartinez la chair de 4 pavés de saumon de cette préparation. Déposez les 4 autres pavés dessus, côté chair sur les premiers pavés tartinés, ficelez bien.

Déposez les rôtis de saumon dans le panier-vapeur sur un lit de brins d'aneth et de ciboulette et faites cuire pendant 7 minutes.

Haddock sur lit de laitue, cerfeuil et citron

Pour 4 personnes
Préparation : 5 minutes
Cuisson : 10 minutes

- 600 g de haddock
- ½ laitue
- ½ bouquet de cerfeuil + quelques brins pour servir
- 1 citron jaune non traité
- 3 cuillerées à soupe de crème fraîche épaisse
- poivre

Effeuillez et lavez la laitue.

Déposez les feuilles dans votre panier-vapeur. Posez le haddock dessus et faites cuire pendant 10 minutes à la vapeur.

Pendant ce temps, effeuillez le cerfeuil, lavez et essorez-le. Prélevez les zestes et pressez le citron. Mélangez les zestes et le jus de citron à la crème fraîche, ainsi que la moitié du cerfeuil. Poivrez.

Servez le poisson avec la crème au cerfeuil et au citron, parsemez de feuilles de cerfeuil.

Paloudes au safran et au persil

Pour 4 personnes
Préparation : 15 minutes
Cuisson : 6 minutes

- 1 kg de palourdes
- 1 échalote
- 10 brins de persil
- 10 cl de crème fleurette
- 1 dose de safran
- sel, poivre

Lavez les palourdes. Mettez-les à tremper dans un récipient rempli d'eau pendant plusieurs heures. Changez l'eau plusieurs fois.

Épluchez et hachez l'échalote. Effeuillez et hachez le persil.

Déposez les palourdes dans le panier du cuit-vapeur, parsemez d'échalote et de persil, refermez et faites cuire 4 à 6 minutes en mélangeant à mi-cuisson. Toutes les palourdes doivent être ouvertes. Ôtez celles restées fermées.

Pendant ce temps, faites chauffer la crème, mélangez avec le safran, salez et poivrez.

Servez les palourdes avec la sauce au safran.

Chinchard sauce chien

Pour 4 personnes
Préparation : 15 minutes
Marinade : 1 heure
Cuisson : 5 minutes

4 filets de chinchard préparés par votre poissonnier

POUR LA SAUCE CHIEN

1 petite tomate

1 citron vert non traité

2 cives

10 brins de persil

½ piment végétarien

1 gousse d'ail

1 cuillerée à soupe d'huile d'arachide

10 cl d'eau chaude

sel, poivre

Lavez la tomate, le citron, les cives, le persil et le piment.

Hachez finement les cives. Pelez et hachez finement l'ail. Effeuillez et ciselez le persil. Hachez finement le piment. Coupez la tomate en petits dés. Prélevez les zestes et pressez le citron.

Mélangez les cives, l'ail, le persil, le piment, la tomate, les zestes et le jus de citron, le persil, l'huile d'arachide, ajoutez l'eau chaude, salez, poivrez et mélangez. Laissez reposer pendant 1 heure.

Faites cuire le poisson à la vapeur 4 à 5 minutes côté peau vers le bas. Servez-le avec la sauce chien.

Dorade à la chinoise

Pour 4 personnes
Préparation : 15 minutes
Cuisson : 4 minutes

4 filets de dorade

5 cm de racine de gingembre

1 piment rouge

2 échalotes

2 cives + un peu pour servir

6 brins de coriandre + un peu pour servir

sel

POUR LA SAUCE

1 gousse d'ail

2 cuillerées à soupe de sauce soja claire

1/2 cuillerée à café de sucre en poudre

2 cuillerées à soupe d'eau chaude

1 cuillerée à soupe d'huile de sésame

Rincez les filets de dorade sous l'eau froide et déposez-les sur une feuille de papier absorbant. Salez des deux côtés et réservez au frais.

Épluchez le gingembre et coupez-le en très fins bâtonnets. Lavez et coupez le piment en quatre. Épluchez et émincez les échalotes.

Lavez les cives, coupez-les en tronçons de 6 cm et déposez-les dans un bol d'eau.

Déposez une feuille de papier sulfurisé dans un grand cuit-vapeur et répartissez dans le fond les échalotes hachées et un peu de gingembre. Déposez les filets de dorade dessus, parsemez de gingembre, de piment et faites cuire 3 à 4 minutes.

Pendant ce temps, préparez la sauce : épluchez et hachez l'ail finement, mélangez bien avec la sauce soja, le sucre, l'eau chaude et l'huile de sésame.

Servez les filets de dorade parsemés de cive et de coriandre, arrosez avec la sauce au soja.

Bar à la thaïlandaise

Pour 4 personnes
Préparation : 10 minutes
Cuisson : 6 minutes

2 petits bars préparés
4 bâtons de citronnelle

POUR LA SAUCE

2 citrons verts non traités
15 cl de bouillon de poulet
2 cuillerées à café de sucre roux
6 gousses d'ail
2 piments oiseaux
½ bouquet de coriandre
4 cuillerées à soupe de sauce nuoc-mâm

Rincez les bars, déposez-les sur une feuille de papier absorbant et entaillez les flancs à plusieurs endroits.

Écrasez les bâtons de citronnelle. Déposez-les dans le fond du panier-vapeur, avec le poisson dessus et faites-le cuire pendant 6 minutes.

Pendant ce temps, préparez la sauce. Pressez les citrons, réservez le jus. Faites chauffer le bouillon de poulet, ajoutez le sucre et mélangez jusqu'à ce qu'il soit dissous.

Épluchez et hachez l'ail. Hachez les piments et la coriandre. Ajoutez la sauce nuoc-mâm, le jus de citron, l'ail, la coriandre et les piments au bouillon de poulet. Mélangez.

Une fois le poisson cuit, servez-le avec la sauce.

VIANDES

Cuire la viande à la vapeur n'est pas si répandu.
Moins attendue, cette **technique de cuisson**
peut néanmoins être **délicieuse**
à condition de choisir une **viande de qualité**.
En effet, **la vapeur** n'a pas le **pouvoir d'attendrir**
une viande de mauvaise facture, mais elle peut donner
de **superbes résultats** avec de **beaux morceaux**,
issus d'animaux bien élevés.
Pour vos recettes vapeur, choisissez
de la **viande fermière**, idéalement conseillée
par votre boucher qui **sélectionne** sa viande
pour **sa qualité** ou directement **chez un producteur**
ayant une **démarche consciencieuse**
(alimentation, élevage, pâturage, abattage).
Ensuite, **faites-vous plaisir** avec
des **marinades riches en saveurs**,
des **beurres parfumés** pour accompagner,
des **condiments** et des **herbes** pour relever,
bref, toute une odyssée !

Boulettes de poulet au maïs

Pour 4 personnes
Préparation : 20 minutes
Cuisson : 7 minutes

4 filets de poulet sans peau

2 gousses d'ail

1 cive

8 brins de coriandre

4 brins de persil

1 cm de gingembre

1 citron non traité

1 cuillerée à soupe de fécule de pomme de terre

70 g de maïs cuit et égoutté

sel, poivre

POUR LA SAUCE

1 piment frais

10 cl d'eau

5 cl de sauce soja

1 cuillerée à soupe rase de miel

8 cl de vinaigre de riz

Épluchez l'ail et dégermez-le si besoin. Rincez et hachez la cive, la coriandre et le persil. Épluchez et hachez le gingembre. Lavez le citron et prélevez ses zestes.

Coupez grossièrement le poulet. Déposez-le dans le bol d'un mixeur. Ajoutez la fécule de pomme de terre, l'ail, la cive, les herbes fraîches, les zestes de citron, le gingembre, ½ cuillerée à café de sel et du poivre. Mixez jusqu'à ce que la préparation soit homogène. Ajoutez les grains de maïs et mélangez bien.

À l'aide de vos mains humides, formez des boulettes de la taille d'une noix. Déposez-les dans un grand panier-vapeur et faites-les cuire pendant 7 minutes.

Pendant ce temps, préparez la sauce : hachez le piment, mélangez-le avec l'eau, la sauce soja, le miel et le vinaigre de riz.

Servez les boulettes avec cette sauce.

Raviolis porc-crevette

Pour 4 personnes
Préparation : 1 heure
Cuisson : 8 minutes

POUR 40 RAVIOLIS ENVIRON

1 paquet de feuilles de raviolis rondes

2 gousses d'ail

1 oignon tige

2 cives

0,5 cm de gingembre frais

200 g de crevettes crues décortiquées

250 g de porc haché

2 cuillerées à soupe de sauce soja claire

1 cuillerée à soupe de vin de riz chinois

1 cuillerée à café d'huile de sésame

sel, poivre

POUR LA SAUCE

2 cuillerées à soupe de sauce soja

3 cuillerées à soupe de vinaigre de riz

2 cuillerées à soupe d'eau

huile de sésame

piment (facultatif)

Épluchez et hachez finement les gousses d'ail. Rincez, séchez et hachez finement l'oignon et les cives. Épluchez et hachez finement le gingembre.

Hachez la moitié des crevettes au robot, coupez le reste en petits dés.

Mélangez le porc haché avec les crevettes (hachées et en dés), l'ail, l'oignon, les cives, le gingembre, la sauce soja, le vin de riz et l'huile de sésame. Salez et poivrez.

Déposez une cuillerée à café de farce au centre des feuilles de raviolis. Badigeonnez le pourtour d'eau et refermez les raviolis en faisant échapper l'air.

Faites-les cuire à la vapeur pendant 8 minutes.

Préparez la sauce : mélangez la sauce soja avec le vinaigre de riz, l'eau et un peu d'huile de sésame. Si vous aimez relevé, ajoutez un peu de piment dans la sauce.

Dégustez les raviolis avec la sauce.

Œufs cocotte, jambon blanc et moutarde

Pour 4 personnes
Préparation : 10 minutes
Cuisson : 10 minutes

- 2 tranches fines de jambon blanc
- 2 cuillerées à soupe de moutarde
- 4 cuillerées à soupe de crème fleurette
- 10 brins de ciboulette + quelques-uns pour servir
- 4 œufs extra-frais
- 1 noix de beurre
- quelques noix décortiquées
- sel, poivre

Coupez le jambon en lamelles.

Mélangez la moutarde avec la crème fleurette, salez et poivrez. Hachez la ciboulette et mélangez à la crème.

Beurrez 4 ramequins. Cassez un œuf dans chaque ramequin, ajoutez le jambon, versez la crème à la moutarde. Couvrez d'un film alimentaire et faites cuire à la vapeur pendant 10 minutes. Si vous souhaitez garder le jaune coulant, séparez le blanc des jaunes, commencez la cuisson de l'œuf cocotte avec le blanc seulement puis déposez le jaune dessus 2 minutes avant la fin de la cuisson.

Servez avec de la ciboulette hachée et des noix concassées.

Cuisses de lapin, estragon et citron

Pour 4 personnes
Préparation : 15 minutes
Marinade : 2 heures au minimum
Cuisson : 18 minutes

4 filets de lapin

1/2 citron non traité

2 cuillerées à soupe d'huile d'olive

4 brins d'estragon

sel, poivre

POUR LA CRÈME

2 brins d'estragon

50 g de fromage frais

1 cuillerée à café de moutarde

Zestez et pressez le citron. Mélangez-le à l'huile d'olive. Effeuillez les brins d'estragon, hachez-les et mélangez les deux tiers à l'huile d'olive. Salez, poivrez et faites mariner les cuisses de lapin dans cette huile parfumée pendant au moins 2 heures, au froid.

Mélangez le reste d'estragon haché avec le fromage frais et la moutarde. Salez et poivrez.

Faites cuire les cuisses de lapin 15 à 18 minutes à la vapeur en les retournant à mi-cuisson.

Servez avec la crème à l'estragon.

Poulet mariné aux herbes

Pour 4 personnes
Préparation : 15 minutes
Cuisson : 10 minutes

4 filets de poulet

herbes fraîches (basilic, persil, ciboulette, estragon) pour le service

salade

POUR LA MARINADE

2 brins de basilic

2 brins de persil

6 brins de ciboulette

2 brins d'estragon

1 gousse d'ail

2 cuillerées à soupe d'huile d'olive

sel, poivre

Préparez la marinade : lavez, séchez et hachez les herbes. Épluchez et coupez l'ail en deux. Frottez les filets avec l'ail.

Badigeonnez les filets de poulet d'huile, salez, poivrez, roulez-les dans les herbes hachées et faites cuire à la vapeur pendant 10 minutes. Tournez-les à mi-cuisson. Laissez reposer à couvert 2 minutes hors du feu.

Coupez les filets en tranches et servez-les avec des herbes fraîches et de la salade.

Aiguillettes de canard sauce chimichurri

Pour 4 personnes
Préparation : 15 minutes
Marinade : 5 minutes
Cuisson : 4 minutes

12 aiguillettes de canard

POUR LA SAUCE CHIMICHURRI

- 2 oignons nouveaux
- 1/2 poivron rouge
- 1/2 piment rouge
- 1 gousse d'ail
- 4 brins de persil plat
- 4 brins de coriandre
- 1/2 cuillerée à soupe d'origan sec
- 1/2 cuillerée à café de cumin en poudre
- 1 pincée de cannelle
- 1/4 de cuillerée à café de piment doux
- 4 cuillerées à soupe d'eau chaude
- 2 cuillerées à soupe de vinaigre de Xérès ou de vin rouge
- 2 cuillerées à soupe d'huile de tournesol
- sel, poivre

Préparez la sauce : lavez les oignons, le poivron et le piment.

Épluchez et hachez finement les oignons. Coupez, ôtez le pédoncule et épépinez le poivron. Hachez-le finement. Hachez également le piment. Épluchez et pressez l'ail en purée. Effeuillez et hachez le persil et la coriandre. Mélangez l'origan, le cumin, la cannelle et le piment doux, puis mélangez-les à l'eau chaude. Ajoutez les oignons, le poivron, le piment, l'ail, les herbes, le vinaigre et l'huile de tournesol. Salez, poivrez et réservez.

Salez les aiguillettes de canard et laissez-les reposer 5 minutes.

Faites-les cuire 2 minutes de chaque côté dans un panier-vapeur et servez-les avec la sauce chimichurri.

Comme un tigre qui pleure vapeur

Pour 4 personnes
Préparation : 15 minutes
Marinade : 15 minutes
Cuisson : 10 minutes

1 merlan de bœuf (environ 600 g)

POUR LA MARINADE

1 cuillerée à café de sucre rapadura

1 ½ cuillerée à soupe de sauce soja

2 cuillerées à soupe de sauce d'huître

POUR LA SAUCE

2 brins de coriandre

2 cives

1 échalote

2 cuillerées à soupe de purée de tamarin

1 ½ cuillerée à soupe de sauce nuoc-mâm

1 cuillerée à café de sucre rapadura

le jus d'1 citron vert non traité

1 cuillerée à café rase de flocons de piment

1 cuillerée à café de poudre de riz grillé

Préparez la marinade : mélangez le sucre avec la sauce soja et la sauce d'huître. Versez sur le merlan de bœuf et laissez mariner 15 minutes.

Pendant ce temps, préparez la sauce : lavez la coriandre et les cives. Épluchez et hachez l'échalote. Hachez les cives. Mélangez la purée de tamarin avec la sauce nuoc-mâm, le sucre, le jus de citron, puis ajoutez l'échalote, les cives, la coriandre, les flocons de piment et la poudre de riz grillé.

Faites cuire la viande 5 minutes de chaque côté à la vapeur. Laissez reposer 5 minutes à couvert hors du feu ; puis coupez en tranches fines et servez avec la sauce.

Brioches au porc (baozi)

Pour 4 personnes
Préparation : 1 heure
Repos : 2 h 10
Cuisson : 12 minutes

POUR 10 BRIOCHES ENVIRON

POUR LA PÂTE

1 sachet de 5,5 g de levure de boulanger sèche

20 cl d'eau tiède

300 g de farine T45

20 g de sucre en poudre

1 cive

graines de sésame noir

sel

POUR LA FARCE

2 cm de gingembre

1 carotte

2 gousses d'ail

2 feuilles de chou chinois

300 g de porc haché

2 cuillerées à soupe de sauce soja claire

1 cuillerée à soupe de sauce soja foncée

1 cuillerée à soupe de vin de cuisine chinois (shaoxing)

1 cuillerée à soupe d'huile neutre

sel, poivre du Sichuan

Préparez la pâte : diluez la levure dans deux tiers de l'eau tiède, laissez reposer 5 minutes.

Versez la farine et le sucre dans un plat, salez légèrement, mélangez, puis versez l'eau mélangée à la levure par-dessus. Mélangez bien et pétrissez jusqu'à l'obtention d'une pâte lisse. Mettez dans un saladier, couvrez et placez sur une source de chaleur (radiateur) et laissez reposer 1 heure.

Pendant ce temps, préparez la farce, épluchez et hachez finement le gingembre, la carotte et l'ail. Hachez finement le chou chinois. Mélangez-le, ainsi que le gingembre, la carotte et l'ail avec le porc haché, la sauce soja claire, la sauce soja foncée, le vin, l'huile, salez, poivrez.

Lorsque la pâte a gonflé, divisez-la en pâtons de 50 g. Étalez chaque morceau de pâte en un petit rond (8 à 10 cm), déposez une grosse cuillerée à soupe de farce dessus et refermez le baozi en pliant la pâte vers le centre, pincez bien le centre pour le refermer. Déposez une feuille de papier sulfurisé perforée dans le cuit-vapeur et laissez reposer les baozi à couvert pendant 1 heure.

Faites-les cuire à la vapeur pendant 12 minutes. Éteignez et laissez reposer 5 minutes avant de déguster les brioches parsemées de cive hachée et de sésame noir.

Pintade au tamarin

Pour 4 personnes
Préparation : 15 minutes
Marinade : 15 minutes
Cuisson : 15 minutes

4 suprêmes de pintade

1 citron jaune non traité

coriandre fraîche

POUR LA MARINADE

2 oignons nouveaux

1 tomate

2 gousses d'ail

1 petit morceau de gingembre

4 cuillerées à soupe de pâte de tamarin

1 cuillerée à soupe de sauce nuoc-mâm

1 cuillerée à café bombée de sucre de canne en poudre

2 cuillerées à soupe d'huile de tournesol

1 cuillerée à café rase de sel

Préparez la marinade : hachez finement les oignons et la tomate. Épluchez et émincez l'ail. Épluchez et râpez le gingembre.

Mélangez la pâte de tamarin avec la sauce nuoc-mâm, le sucre, l'huile, le sel, le gingembre, l'ail, les oignons et la tomate. Badigeonnez les suprêmes de pintade de cette marinade et laissez reposer 15 minutes.

Coupez le citron en rondelles, répartissez-les dans le fond du panier-vapeur. Déposez les suprêmes dessus et faites cuire pendant 15 minutes. Servez avec du riz et parsemez de coriandre.

À toute vapeur

Poitrine de porc sauce hoisin

Pour 4 personnes
Préparation : 15 minutes
Cuisson : 40 minutes

800 g de poitrine de porc

2 cives

POUR LA MARINADE

2 cm de gingembre

3 cuillerées à soupe de sauce hoisin

3 cuillerées à soupe de vin de cuisine chinois (shaoxing)

1 cuillerée à soupe de sauce soja foncée

1 feuille de laurier

2 étoiles de badiane

La veille ou quelques heures avant, entaillez la peau de la poitrine de porc. Placez-la dans un bol et couvrez d'eau. Gardez au frais.

Le lendemain, préparez la marinade : épluchez et hachez le gingembre. Mélangez la sauce hoisin avec le vin de cuisine, la sauce soja, le laurier, la badiane et le gingembre. Badigeonnez-en la poitrine et faites-la cuire pendant 40 minutes à la vapeur.

Servez avec le reste de marinade et les cives hachées.

Boulettes de bœuf à la sauce soja

Pour 4 personnes
Préparation : 25 minutes
Cuisson : 5 minutes

POUR 30 BOULETTES ENVIRON

600 g de viande de bœuf hachée

1 gousse d'ail

1 cive

2 cuillerées à soupe de sauce soja + un peu pour servir

1 cuillerée à soupe de sauce d'huître

1 cuillerée à café d'huile de sésame

1 cuillerée à soupe de vin de cuisine chinois

1 cuillerée à café de miel

1 cuillerée à café de fécule de pomme de terre

POUR SERVIR

oignons frits

cive

graines de sésame noir

Épluchez et hachez finement l'ail. Hachez finement la cive.

Mélangez la viande de bœuf avec l'ail, la cive, la sauce soja, la sauce d'huître, l'huile de sésame, le vin de cuisine, le miel et la fécule de pomme de terre.

À l'aide de vos mains mouillées, formez des boulettes de la taille d'une petite noix. Faites cuire pendant 5 minutes à la vapeur.

Servez parsemé d'oignons frits, de cive, de sésame et de sauce soja.

Ravioles au canard confit et champignons

Préparation : 1 heure
Repos : 30 minutes
Cuisson : 4 minutes

POUR 20 RAVIOLES ENVIRON

POUR LA PÂTE

15 cl d'eau tiède

300 g de farine T45

POUR LA FARCE

2 cuisses de canard confit

1 gousse d'ail

1 échalote

6 brins de persil

100 g de champignons de Paris

sel, poivre

POUR LA SAUCE

2 cuillerées à soupe de vinaigre de cidre

1 cuillerée à café de miel

2 cuillerées à soupe d'huile de tournesol

sel, poivre

Préparez la pâte à ravioles : versez l'eau tiède sur la farine, pétrissez petit à petit, puis travaillez la pâte jusqu'à obtenir une boule homogène. Laissez reposer 30 minutes, recouvert d'un torchon propre, dans un endroit chaud (près d'un radiateur par exemple).

Pendant ce temps, ôtez la peau du canard confit et effilochez la chair. Hachez-la.

Épluchez et hachez finement l'ail et l'échalote. Effeuillez et hachez le persil. Lavez les champignons et hachez-les finement. Mélangez-les avec le canard confit, l'échalote, l'ail et le persil. Salez et poivrez.

Préparez la sauce : mélangez le vinaigre avec le miel et l'huile. Salez et poivrez.

Formez un boudin avec la pâte à ravioles. Séparez la pâte en pâtons de 3 x 3 cm environ (soit une dizaine de grammes) et étalez-la de manière à former un rond de pâte d'environ 8 cm.

Déposez l'équivalent d'une cuillerée à café de farce au centre de la pâte, humidifiez les bords et refermez la raviole en pressant bien et en laissant le moins d'air possible dedans.

Faites cuire 4 minutes à la vapeur.

Servez avec la sauce.

Poulet au gingembre

Pour 4 personnes
Préparation : 15 minutes
Marinade : 1 heure
Cuisson : 20 minutes

4 cuisses de poulet

POUR LA MARINADE

5 cm de racine de gingembre

2 gousses d'ail

1 cuillerée à soupe d'huile de sésame

1 cuillerée à soupe de sauce soja claire

½ cuillerée à soupe de miel

2 cuillerées à soupe de sauce d'huître

2 cuillerées à soupe de vin de riz chinois

½ cuillerée à café de sel

POUR LA SAUCE À TREMPER

1 gousse d'ail

1 cive

1 cuillerée à soupe de sauce d'huître

1 cuillerée à soupe de sauce soja claire

4 cuillerées à soupe d'eau

1 cuillerée à soupe d'huile de sésame

Préparez la marinade : épluchez et émincez finement le gingembre.

Épluchez et émincez l'ail.

Dans l'huile de sésame chaude, faites frire l'ail et le gingembre.

Mélangez la sauce soja claire avec le miel, la sauce d'huître, le vin de riz chinois, le sel, puis l'huile de sésame avec l'ail et le gingembre. Versez cette marinade sur le poulet et laissez-le mariner 1 heure.

Pendant ce temps, épluchez et pressez la gousse d'ail. Hachez la cive. Mélangez la sauce d'huître, la sauce soja claire, l'eau, l'ail, la cive et l'huile de sésame.

Faites cuire le poulet pendant 20 minutes, tournez-le à mi-cuisson et servez-le avec la sauce à tremper et le jus de cuisson si vous avez la possibilité de le récupérer dans le bac de votre cuit-vapeur.

DESSERTS

Un peu de **douceur** pour **terminer**
cette **délicieuse promenade à vapeur ?**
Pas nécessairement légers
mais incontestablement **bienveillants au palais :**
petites crèmes, gâteaux moelleux,
riz gluant coco...
il y en a **pour tous les goûts**
et **pour toutes les occasions.**
Il y a fort à parier que vous **épaterez les copains**
avec notre **gâteau aux amandes** né de la **vapeur,**
et que dépourvus de four ou non,
ils vous **demanderont la recette**
avant de rentrer à la maison !

Cake choco-noisette

Pour 4 personnes
Préparation : 15 minutes
Cuisson : 1 heure

- 150 g de chocolat noir
- 80 g de beurre
- 3 œufs
- 80 g de sucre de canne
- 100 g de farine
- 1 sachet de levure chimique
- 100 g de poudre de noisettes
- 8 cuillerées à soupe de lait
- sucre glace

Faites fondre le chocolat avec le beurre à feu doux, au bain-marie.

Séparez les blancs des jaunes d'œufs.

Mettez le sucre et les jaunes dans le bol d'un batteur et fouettez jusqu'à ce que le mélange blanchisse. Incorporez le mélange beurre-chocolat, puis la farine, la levure et la poudre de noisettes, mélangez et ajoutez le lait.

Montez les blancs en neige et incorporez-les délicatement à la préparation précédente.

Versez dans un moule à cake recouvert de papier sulfurisé et faites cuire à la vapeur pendant 1 heure. Vérifiez la cuisson en enfonçant la pointe d'un couteau : elle ne doit pas ressortir pleine de pâte.

Servez avec un voile de sucre glace.

Crème aux œufs vanille

Pour 4 personnes
Préparation : 15 minutes
Cuisson : 15 minutes

1 gousse de vanille
15 cl de lait
15 cl de crème fleurette
50 g de sucre en poudre
3 œufs

Ouvrez la gousse de vanille et prélevez les graines.

Faites chauffer le lait et la crème avec le sucre, la gousse et les graines de vanille.

Cassez les œufs, mélangez-les doucement et délayez-les avec le lait en essayant de ne pas faire entrer trop d'air dans la préparation.

Répartissez-la dans des ramequins, couvrez d'un film alimentaire, percez-le à quelques endroits et faites cuire à la vapeur pendant 15 minutes. Le dessus de la crème doit être tremblotant.

Bon à savoir

Attention, le temps de cuisson peut varier selon vos moules, surveillez et adaptez selon votre expérience.

Gâteau aux amandes

Pour 6 à 8 personnes
Préparation : 30 minutes
Cuisson : 55 minutes

4 œufs

150 g de sucre de canne

120 g de beurre demi-sel

200 g d'amandes

120 g de farine

1 sachet de levure chimique

10 cl de lait

POUR LE FROSTING

150 g de fromage frais

15 g de sucre glace

quelques amandes

Séparez les blancs des jaunes d'œufs. Fouettez les jaunes avec le sucre pendant 5 minutes.

Faites fondre le beurre à feu doux jusqu'à ce qu'il soit noisette (il colore et sent bon la noisette).

Mixez finement les amandes. Mélangez la farine avec la levure et la poudre d'amandes.

Ajoutez le beurre au mélange jaunes-sucre, puis au mélange farine-levure-amandes, mélangez bien et versez le lait, mélangez encore.

Fouettez les blancs en neige et incorporez-les délicatement à la pâte à l'aide d'une Maryse.

Versez dans un moule à manqué dont le fond est recouvert de papier sulfurisé et faites cuire à la vapeur pendant 55 minutes. Adaptez le temps de cuisson selon votre moule.

Sortez le gâteau du cuit-vapeur, laissez-le refroidir un peu, puis démoulez-le.

Lorsqu'il est froid, mélangez le fromage frais avec le sucre glace. Recouvrez le gâteau de cette préparation et décorez avec des amandes.

Gâteau polenta, citron, noix

Pour 2 petits cakes
Préparation : 20 minutes
Cuisson : 30 minutes

- 3 citrons bio
- 100 g de beurre à température ambiante
- 120 g de sucre en poudre
- 100 g de polenta instantanée
- 100 g de farine
- 100 g de poudre de noix
- 1 sachet de levure chimique
- 3 œufs
- sucre glace (facultatif)
- quelques gouttes de citron (facultatif)
- noix concassées (facultatif)

Lavez les citrons. Prélevez les zestes et pressez les citrons. Fouettez le beurre et le sucre jusqu'à ce que le mélange double de volume.

Dans un saladier, mélangez la polenta, la farine, la poudre de noix et la levure. Ajoutez les œufs l'un après l'autre, en prenant soin de bien mélanger entre chaque, puis les zestes et le jus de citron. Incorporez les ingrédients secs à l'aide d'une Maryse ou d'un fouet.

Versez la pâte dans 2 petits moules à cake préalablement recouverts de papier sulfurisé. Faites cuire à la vapeur pendant 25 à 30 minutes.

Si vous le souhaitez, décorez votre cake d'un mélange de sucre glace delayé dans quelques gouttes de citron et de noix concassées.

Banana cake

Pour environ 10 mini-cakes
Préparation : 15 minutes
Cuisson : 18 minutes

4 œufs

120 g de sucre de canne

80 g de poudre d'amandes

240 g de farine

1 cuillerée à café rase de levure

1 cuillerée à café rase de bicarbonate de soude

80 g d'huile de coco (ou d'huile neutre)

1 cuillerée à café d'extrait de vanille

15 cl de lait

3 bananes bien mûres + quelques rondelles pour servir

150 g de fromage frais (facultatif)

15 g de sucre glace (facultatif)

graines de sésame (facultatif)

Fouettez les œufs avec le sucre jusqu'à ce que le mélange mousse.

Mélangez la poudre d'amandes à la farine, à la levure et au bicarbonate de soude. Ajoutez le tout au mélange précédent, mélangez bien, puis versez l'huile de coco, l'extrait de vanille et le lait ; mélangez encore jusqu'à ce que vous obteniez une texture homogène.

Écrasez les bananes bien mûres en purée et ajoutez-les à la pâte. Mélangez. Versez l'appareil dans des moules individuels (à muffins ou mini-cakes, par exemple) beurrés, farinés et tapissés de papier sulfurisé, lissez la surface, parsemez de sésame et faites cuire à la vapeur pendant 15 à 18 minutes.

Vérifiez que le cœur du gâteau soit bien cuit en enfonçant dedans la pointe d'un couteau. Sortez du cuit-vapeur et laissez refroidir complètement avant de déguster.

Si vous le souhaitez, vous pouvez recouvrir les gâteaux d'un mélange fromage frais-sucre glace (voir la recette du « frosting », p. 120), de rondelles de banane et de graines de sésame.

Moelleux à la châtaigne

Pour 1 gâteau de 20 cm de diamètre
Préparation : 15 minutes
Cuisson : 30 minutes

3 œufs

125 g de sucre en poudre

100 g de crème fraîche

100 g d'huile de tournesol

250 g de farine de châtaigne

1 sachet de levure chimique

Mélangez les œufs et le sucre.
Incorporez la crème et l'huile, mélangez.
Ajoutez la farine et la levure, mélangez encore.
Versez dans un moule à gâteau de 20 cm de diamètre, et faites cuire pendant 25 à 30 minutes à la vapeur.

Crème au chocolat-praliné

Pour 4 à 6 personnes
Préparation : 10 minutes
Cuisson : 10 minutes

- 100 g de chocolat noir
- 15 cl de lait
- 15 cl de crème fleurette
- 30 g de sucre en poudre
- 3 œufs
- 1 cuillerée à soupe de pâte de praliné

Concassez le chocolat. Faites chauffer à feu doux le lait et la crème avec le sucre et le chocolat, mélangez jusqu'à ce que le chocolat soit complètement dissous.

Cassez les œufs, mélangez-les doucement avec la pâte de praliné ; délayez avec le mélange précédent en essayant de ne pas faire entrer trop d'air dans la préparation.

Répartissez la préparation dans des ramequins, couvrez d'un film alimentaire, percez-le à quelques endroits et faites cuire à la vapeur pendant 10 minutes. Le dessus de la crème doit être tremblotant.

Poire à la vapeur d'épices et jus de raisin

Pour 4 personnes
Préparation : 5 minutes
Cuisson : 20 minutes

- 4 poires
- 1 citron
- ½ gousse de vanille
- 20 cl de jus de raisin blanc
- 20 cl d'eau
- 1 bâton de cannelle
- 1 étoile de badiane
- 1 cuillerée à café de graines d'anis

Épluchez les poires. Citronnez-les bien.
Ouvrez la gousse de vanille.
Versez le jus de raisin et l'eau dans le fond d'une cocotte et ajoutez les épices.
Déposez les poires dans le panier-vapeur et faites cuire pendant 20 minutes.

Servez les poires avec le jus de cuisson récupéré au fond de la cocotte.

Gâteau nuage à la framboise

Pour environ 15 gâteaux
Préparation : 10 minutes
Cuisson : 10 minutes

- 30 g de pistaches vertes décortiquées + quelques-unes pour servir
- 40 g d'huile de pépins de raisin
- 1 cuillerée à café d'extrait de vanille liquide
- 80 g de lait
- 100 g de farine
- 1 pincée de sel
- 1 cuillerée à café de levure chimique
- 4 blancs d'œufs
- 90 g de sucre en poudre
- 1 barquette de framboises

Mixez les pistaches en poudre fine.
Mélangez l'huile, l'extrait de vanille et le lait, puis ajoutez la farine, la poudre de pistaches, le sel et la levure. Mélangez bien.

Fouettez les blancs en neige en ajoutant le sucre en trois fois, jusqu'à ce qu'ils soient fermes, mais pas trop. Incorporez un quart des blancs montés au mélange précédent en mélangeant bien, puis ajoutez le reste très délicatement à l'aide d'une Maryse en soulevant la pâte de bas en haut, de manière à ne pas faire retomber les blancs.
Concassez les pistaches restantes.

Versez la pâte dans des moules individuels, ajoutez dessus quelques framboises, les pistaches concassées et faites cuire à la vapeur pendant 8 à 10 minutes.

Sticky rice, crème de coco et mangue

Pour 4 personnes
Préparation : 20 minutes
Trempage : 6 heures au minimum
Cuisson : 22 minutes

200 g de riz gluant

20 cl de lait de coco

30 g de sucre en poudre

1 belle pincée de sel

POUR LA CRÈME DE COCO

1 cuillerée à soupe rase de fécule de maïs

15 cl de lait de coco

20 g de sucre en poudre

1 mangue

graines de sésame torréfiées

Rincez le riz jusqu'à ce qu'il soit translucide puis faites-le tremper dans un bol d'eau pendant au moins 6 heures. Égouttez-le bien, déposez une toile à fromage dans le fond du panier-vapeur, répartissez le riz, refermez et faites cuire pendant 20 minutes.

Pendant ce temps, versez le lait de coco, le sucre et le sel dans une casserole et faites chauffer, réservez.

Lorsque le riz est cuit, mettez-le dans un saladier et versez le lait de coco dessus. Laissez refroidir complètement.

Juste avant de servir, préparez la crème de coco : délayez la fécule de maïs avec un peu de lait de coco. Dans une casserole, mélangez tout le lait de coco avec la fécule délayée ainsi que le sucre. Faites chauffer à feu doux en mélangeant sans arrêt jusqu'à ce que le mélange épaississe.

Épluchez et coupez la mangue en lamelles. Servez le riz avec la crème de coco, les morceaux de mangue et parsemez de graines de sésame.

ANNEXES

À toute vapeur

TABLE DES RECETTES

LÉGUMES 9

À toute vapeur

À toute vapeur

VIANDES 87

À toute vapeur

À toute vapeur

DESSERTS 115

INDEX DES RECETTES

INDEX PAR INGRÉDIENTS

REMERCIEMENTS

Je remercie chaleureusement Jeanne
pour m'avoir confié ce titre qui a été un régal à écrire et à illustrer !
Elle remercie également de tout cœur Aimery et Ada pour leur aide
à toute épreuve pour réussir les photos du livre : aux courses,
en cuisine à façonner les baos, autour de la table pour goûter...
ils donnent toujours de leur personne !
Merci pour leur bonne volonté et leur bonne humeur !

Coralie Ferreira

Département éditorial Art de vie

Responsable éditoriale : Laure Aline
Éditrice : Jeanne Castoriano
Fabricante : Virginie Leroux
Conception graphique et réalisation : Rachida Zerroudi
Relecture : Sylvie Kempler

Photogravure : Les Caméléons

Achevé d'imprimer en décembre 2019
sur les presses de Graphycems
Dépôt légal : janvier 2020
Imprimé en Espagne